UM OLHAR DO DIREITO E DA SOCIOLOGIA SOBRE A EDUCAÇÃO NO BRASIL

Carolina de Lurdes Maciel Santos

Dados internacionais de catalogação na publicação (CIP)

SA237u

Santos, Carolina de Lurdes Maciel — 1989 -

Um olhar do Direito e da Sociologia sobre a educação no Brasil / Carolina de Lurdes Maciel Santos - 1ª Ed. – Belo Horizonte/MG; independente; 2023.
63p. 14x21cm

ISBN: 978-65-86507-87-4

    1. Direito   2. Direito Constitucional
I. Título.

CDD: 340

SUMÁRIO

INTRODUÇÃO

A presente obra se propõe a investigar o papel do Estado na elaboração de políticas públicas educacionais. Inicia-se mediante uma análise histórica da educação, abordando a visão neoliberal do instituto, até a sua previsão pela Constituição Federal de 1988, posteriormente regulamentada pela Lei de Diretrizes Bases da Educação Nacional, Lei nº 9.394/1996, passando pela visão do sociólogo Pierre Bourdieu.

A partir do momento em que se estabelece a relação da educação com a política neoliberal, vê-se que defende atuação em prol dos interesses de um grupo em detrimento da coletividade, de modo a assegurar a legitimidade da proposta neoliberal.

Ademais, em relação ao marxsimo, Bourdie esclarece que essa concepção defende que o Estado não é um aparelho orientado para o bem comum, mas para a coerção, para a manutenção da ordem pública, em proveito dos dominantes. Nessa hipótese, há que se reconhecer que a educação prestada pelo Estado possui o escopo de dominação e não de formação crítica.

Portanto, a formulação de políticas públicas educacionais requer considerar os diversos contextos, que mantêm inter-relações com o Estado, o econômico-social, o político, as instâncias legislativas e as instituições de ensino

Já no Estado Social é patente a necessidade da

intervenção estatal. Sem Estado, não há educação. No entanto, a educação a ser prestada no Brasil deve ser de qualidade, no sentido de formar jovens capacitados para o trabalho, para desenvolver o senso crítico e desempenhar seu papel democrático.

É preciso que, desde a infância, a criança se conscientize de que a escola é mais do que direito. A escola representa uma condição, pois é por meio dela que o sujeito poderá desenvolver seu raciocínio crítico. É preciso ainda entender a educação como instrumento de inclusão/ascensão social, de modo a proporcionar condições de vida digna à população.

Todavia, percebe-se que a educação não tem desepenhado, de forma satisfatória, seu papel conscientizante, não tem assumido com as crianças, especialmente aquelas nas condições de fragilidade social, uma formação profissional, talvez, em virtude de políticas públicas ineficazes.

A partir da Constituição Federal de 1988, os cidadãos passaram a ser tratados como agentes políticos e pela educação, serão capazes de exigir direitos e cumprir deveres. Dessa forma, o Estado atua como organizador da vida em sociedade e possui a função de garantir o acesso à educação de qualidade.

Para tanto, defende-se a reformulação da escola, principalmente quanto ao conteúdo que deve ser ministrado, via currículo oficial, destacando a formação do "cidadão" para atuar numa sociedade democrática e globalizada.

1 CONCEITOS INICIAIS SOBRE POLÍTICAS PÚBLICAS

Na última metade do Século XX, a área de políticas públicas consolidou-se como um instrumento analítico voltado para compreender fenômenos de natureza político-administrativa. O conhecimento dos problemas públicos nas mais diferentes áreas, como a ciência política, a sociologia e a economia, vem sendo, desde então, utilizado tanto no que diz respeito à implementação quanto à avaliação das políticas públicas.

O conceito de política com o qual trabalharemos vem de Bobbio (2000, p. 160), que a define como "a atividade ou conjunto de atividades que têm, de algum modo, como termo de referência a pólis, isto é, o Estado" e os fins da política "são tantos quantos forem as metas a que um grupo organizado se propõe, segundo os tempos e as circunstâncias" (BOBBIO, 2000, p. 160).

Para o autor, em uma sociedade de dominação, o conceito de política pode ser entendido como "forma de atividade ou de práxis humana e está estreitamente ligado ao poder" (BOBBIO, 1986, p. 954-955), conceito esse que corrobora com a definição de poder referido por Weber (1979, p. 43): "a probabilidade de impor a própria vontade, dentro de uma relação social, mesmo contra toda resistência e qualquer que seja o fundamento dessa probabilidade".

Lima (2012) explica por meio de Rua (2009) e

Secchi (2010) que o termo "política na língua portuguesa, assim em outras línguas latinas, pode assumir duas conotações principais, que a língua inglesa consegue diferenciar usando os termos politics e policy", afirma ainda que "o termo política assume o sentido expresso pelo termo policy, é mais concreto e tem relação com orientações para a decisão e ação, sendo que o termo política pública (*public policy*) a ela está vinculado".

Assim, *politics* é a luta pelo poder e a busca por acordos de governabilidade, enquanto o termo *policy* é relativo à ação governamental.

No entanto, essa definição de política pública "é arbitrária", segundo Secchi (2010). Para ele, "não há consenso na literatura especializada sobre questionamentos básicos" (SECCHI, 2010, p. 20). Secchi (2010, p. 02) esclarece que "alguns autores e pesquisadores defendem a abordagem estatista, enquanto outros defendem abordagens multicêntricas no que se refere ao protagonismo nos estabelecimentos de políticas públicas".

Secchi (2010) explica, ainda, a crescente demanda por profissionais técnicos na área de políticas públicas para atuar em organizações públicas, organizações do terceiro setor e órgãos internacionais, além de destacar as características desses profissionais, enfatizando a criatividade e a habilidade para encontrar soluções dos problemas públicos e antecipar possíveis efeitos das políticas públicas sobre comportamentos individuais e coletivos.

As abordagens diferentes entre os autores em relação à definição de políticas públicas que adotam os termos *estatista* e *multicêntrica* nos levam a questionar o papel do Estado nas políticas públicas e o da sociedade também. Em relação à abordagem multicêntrica, leva-se em conta o objetivo como sendo uma "política privada de interesse público" (LIMA, 2012, p. 52). Theodoulou (1995, p. 87), assim como outros autores, adota a abordagem estatista. Ela explica que "a primeira ideia com que alguém se depara é que a política pública deve distinguir entre o que os governos pretendem fazer e o que, na verdade, eles realmente fazem; que a inatividade governamental é tão importante quanto a atividade governamental". O Estado, é, então, responsável por implantar um projeto de governo por meio de programas e ações que são voltados para setores específicos da sociedade.

A formulação de políticas públicas constitui programas e ações para atingir as metas e os objetivos para produzir os resultados. Se o governo decidir não agir diante de algum problema público, a política, segundo Thomas Dye citado por Rodrigues (2011, p. 43), adquire característica negativa.

Por outro lado, para Heidemann (2010), a política pública deve ter abordagem multicêntrica. A "perspectiva de política pública vai além da perspectiva de políticas governamentais na medida em que o governo, com sua estrutura administrativa, promove 'políticas públicas'" (HEIDEMANN, 2010, p. 31), já que seria função do Estado organizar o funcionamento dos serviços públicos prestados à sociedade.

Desemprego, analfabetismo, desnutrição, discriminação, pobreza, exclusão social etc. são variáveis que reorientam as políticas sociais no sentindo de que toda política pública tem o dever de minimizar esses problemas. As demandas podem surgir nos mais variados espaços sociais, para que haja o nascer de um projeto social a ser desenvolvido. A finalidade seria reduzir as necessidades vitais de cada grupo, refletindo, assim, sobre o desenvolvimento da democracia.

Para Marx (1983), a política se relaciona ao interesse da sociedade; o autor a destaca como uma luta entre as classes sociais:

> O que é a sociedade, qualquer que seja a sua forma? O produto da ação recíproca entre os homens. São os homens livre de escolher esta ou aquela forma social? De modo algum. Considere-se em certo estado de desenvolvimento das faculdades produtivas dos homens e ter-se-á tal forma de comércio e de consumo. [...]. Considere-se tal sociedade civil e ter-se-á tal Estado político, que não é mais do que a expressão da sociedade civil (MARX, 1983, p. 544).

Karl Marx (2017), crítico dos modos de produção capitalista e da sociedade liberal- burguesa, expõe sua profunda descrença em que a "educação pode ser igual para todas as classes" (MARX, 2017, p. 23). Marx via na educação um bem público a ser garantido pelo Estado, mas queria ver o Estado prussiano-alemão longe da educação do povo. Para ele, "a educação popular a cargo do Estado é completamente inadmissível" (MARX, 2017, p. 23), além de considerar que "o ensino superior gratuito era uma forma de privilégio das classes superiores, que teriam seus estudos pagos com as receitas gerais dos impostos" (MARX, 2017,p. 23).

A importância da crítica de Marx é a vinculação da educação ao trabalho produtivo. Isso se tornaria uma arma transformadora para a tomada do poder e consequentemente a superação da sociedade burguesa. Estaria aí a crítica de que os direitos da cidadania são condicionados historicamente pela economia e pelas condições de cada época.

De acordo com o autor, há a necessidade de entender o que originou um problema público para que as soluções e alternativas sejam implementadas e de analisar esses obstáculos que vislumbram novas possiblidades para guiar a ação político-administrativa.

Os arranjos feitos nas esferas do poder perpassam as instituições do Estado e da sociedade, e as políticas sociais representam, para Höfling (2001, p. 31), "as ações que determinam o padrão e a proteção social implementados pelo Estado, voltados, em princípio, para a redistribuição dos benefícios sociais, visando à diminuição das desigualdades estruturais produzidas pelo desenvolvimento socioeconômico".

Os estudos sobre políticas públicas vêm se constituindo como um campo de investigação e, nesse sentido, Bourdieu (2002) define campo como uma construção que vai comandar ou orientar todas as opções prática da pesquisa. Para ele, existe um campo de forças onde há dominantes e dominados, e esse campo "está aí para designar esse espaço relativamente autônomo, esse microcosmo dotado de suas leis próprias" (BOURDIEU, 2000, p. 20). O autor cita como exemplos os campos da educação, da política, da religião e cada um desses é "um conjunto de pressupostos e de crenças partilhadas inscritas em certos sistemas de categorias de pensamento (BOURDIEU, 1997, p. 67).

Como vimos, a política pública pode ser elaborada pelo Estado ou por instituições privadas, desde que o problema seja público. Esse não é um assunto "exclusivo de uma hierarquia governamental e administrativa integrada", conforme afirma Schneider (2005, p. 37). Ele explica que é preciso pensar as políticas públicas a partir de parceiras público- privadas.[1]

Para Bourdieu, o campo da educação "possui sua doxa específica, conjunto de pressupostos inseparavelmente cognitivos e avaliativos cuja aceitação é inerente à própria pertinência" (BOURDIEU, 2001, p. 122), onde as relações constantes de desigualdades são evidentes e cuja aceitação é inerente à própria pertinência:

---

[1] Volker Schneider (2005) e Kenis Schneider (1991) utilizam a expressão "redes de políticas públicas". O processamento de um problema público, não é mais assunto exclusivo de uma hierarquia governamental e administrativa integrada. Encontra-se em redes, nas quais estão envolvidas tanto as organizações públicas como privadas.

> um espaço social estruturado, um campo de forças — há dominantes e dominados, há relações constantes, permanentes, de desigualdade, que se exercem no interior desse espaço — que é também um campo de lutas para transformar ou conservar esse campo de forças. Cada um, no interior desse universo, empenha em sua concorrência com os outros a força (relativa) (BOURDIEU, 2001, p. 122).

A ação de uma política pública deve ser elaborada para enfrentar um problema público e resolver problemas políticos, conforme nos explica Rua (1998, p. 731). Assim sendo, a formulação de políticas públicas educacionais requer considerar os diversos contextos, que mantêm inter-relações com o Estado, o econômico-social, o político, as instâncias legislativas e as instituições de ensino. Elas nos levam para diferentes momentos históricos em que se percebem avanços em uns e retrocessos em outros.

Para Azevedo (2004),

> a política educacional — policy —, programa de ação, é um fenômeno que se produz no contexto das relações de poder expressas na politics — política no sentido de dominação e, portanto no contexto das relações sociais que plasmam as assimetrias, a exclusão e as desigualdades que se configuram na sociedade e no nosso objeto (AZEVEDO, 2004).

2. O PAPEL DO ESTADO NAS POLÍTICAS PÚBLICAS EDUCACIONAIS

Com a Primeira Guerra Mundial e a crise econômica de 1929, o mundo se viu "sacudido" pela retórica da reconstrução social. John Dewey (1936) foi o expoente máximo que incorporou as análises sobre o papel da educação. Surge, então, a Pedagogia da Escola Nova.

Nas palavras de J. Dewey citado por Xavier (1990), a solução seria "criar nas escolas uma projeção do tipo de sociedade que desejaríamos realizar; e, formando os espíritos de acordo com esse tipo, modificar gradualmente os principais e mais recalcitrantes aspectos da sociedade adulta" (DEWEY apud XAVIER, 1990, p. 64).

A origem desse pensamento liberal está em uma época de profundas modificações político-econômicas ocorridas na Europa durante os séculos XVII e XVIII. Essas modificações consolidaram-se com os acontecimentos de 1789, na França, trazendo uma série de reflexões teóricas a respeito do papel do Estado.

Oliveira (2017) explica que o "Estado liberal moderno foi criado como forma de garantir a paz e a segurança para as pessoas, uma vez que, no anterior estado da natureza (conforme Hobbes), viviam em permanente guerra e destruição." (OLIVEIRA, 2017). A forma que o liberalismo político utilizou a fim de que ocorresse uma estabilização para os conflitos humanos foi conceder direitos sociais. No entanto, isso não foi suficiente para atender a todas as necessidades dos cidadãos.

Segundo Oliveira (2016),

> O papel do Estado e de suas instituições é assegurar, mesmo que pelo uso da força, a estabilidade das relações sociais, o que faz pelo caminho da imposição da ordem e do cumprimento das leis, porém a dominação do Estado pela burguesia não foi capaz de limitá-lo ao papel de mero órgão repressor, em favor da classe dominante, titular dos meios de produção e que está à frente do controle político, uma vez que era necessário estender direitos sociais e bem-estar também à classe trabalhadora, que se agitava na base da sociedade (OLIVEIRA, 2016, p. 30).

Azevedo (2001) lembra ainda que "a teoria liberal foi sendo paulatinamente modificada e adaptada, à medida que o avanço do capitalismo delineava a estrutura de classes com maior nitidez. Era o centro da economia e da política". A autora ainda esclarece que "as raízes da corrente liberal se encontram na teoria do Estado a partir do século XVII, expressando o itinerário do Liberalismo clássico então emergente" (AZEVEDO, 2001, p. 9). Para ela, a corrente tecnocrata utilitarista ganhou espaço durante a crise econômica dos anos 70, por isso responsabiliza o Estado como guardião dos interesses públicos, que justificam as ações por meio da liberdade e do individualismo.

Uma das consequências desse tipo de pensamento é a grave crise educacional brasileira, que vem de longas décadas, levando o sistema pedagógico a altos índices de exclusão social, demonstrado em analfabetismo, reprovação e baixo percentual de matrículas no ensino médio. Nas décadas de 70 e 80, "contínuas crises econômicas em diversos países, aliadas à decadência dos Estados Socialistas", explica Rodrigues citado por Pires (2008) e, conforme Leal citado por Pires, de bem-estar social, "tornaram o cenário econômico internacional propício à aplicação da prática da teoria do Estado neoliberal.", como contexto de expansão da política neoliberal. Essa política diverge da atuação do Estado na esfera dos benefícios sociais. No entanto, foram os liberais que criaram o Estado do bem-estar social e, nesse contexto, Oliveira (2017) enfatiza: "[o] interesse coletivo deveria prevalecer sobre o individual" e "todo um sistema de solidariedade foi constituído nos países ocidentais, com a finalidade de prover de forma gratuita a educação, a saúde, o transporte público e a previdência social." (OLIVEIRA, 2017).

Por outro lado, Anderson (1995) esclarece que "entre os anos 70 e 80 não houve nenhuma mudança na taxa de crescimento, muito baixa nos países da Organização para a Cooperação e Desenvolvimento Econômico -OCDE".

O Estado preocupado em recompor taxas de acumulação de riqueza, consequência da crise de 1970, e com as formas de organizar o processo de trabalho para gerar a produção de bens e serviços introduzindo novas tecnologia, nos leva a uma outra avaliação, não menos grave: "à contradição historicamente verificável entre a retórica e ação governamental no tocante às políticas públicas, notadamente, àquelas das áreas sociais".

O Estado afastou-se dos "setores organizados da educação que tinham alguma interlocução com o governo na elaboração de políticas educacionais (BRZEZINSKI, 2000; PERONI, 2003).

Após a Nova República, a mobilização de setores organizados da sociedade em prol de políticas sociais consolidou-se com as Conferências Brasileiras de Educação e o Fórum Brasileiro em Defesa da Escola Pública. Foram convocados para se unirem partidos políticos, sindicatos, estudantes, educadores, moradores de bairros e associações de pais para a elaboração da Assembleia Nacional Constituinte de 1988, tendo como meta os subsídios para a elaboração de políticas para o ensino médio. Esse afastamento do Estado em relação aos setores da educação ampliou as desigualdades sociais.

Para Anderson (1995), os principais reflexos da implementação de práticas neoliberais são "a deflação, a desmontagem de serviços públicos, as privatizações de empresas, o crescimento de capital corrupto e a polarização social, seguidos da ampliação das desigualdadessociais" (ANDERSON, 1995, p. 15).

O autor ainda ressalta que o neoliberalismo obteve êxito além do esperado pelos seus idealizadores, no que concerne à reanimação do capitalismo avançado mundial, restaurando taxas altas de crescimento estáveis, como existiam antes dos anos da crise dos anos 70 (ANDERSON, 1995).

Com a percepção de que o neoliberalismo constitui um projeto "hegemônico", estruturando reformas no plano econômico, político, cultural e ideológico para responder à crise do capitalismo contemporâneo, surge um novo papel para o Estado diante das políticas públicas educacionais.

> Com a Constituição Federal de 1988, ocorreram muitas conquistas sociais que fizeram com que a educação passasse a ser tratada como direito, começando a demarcar profundas mudanças no sistema escolar de ensino. Posteriormente, com a Lei de Diretrizes de Bases da Educação (LDB), essas conquistas avançam para o campo específico da educação. As políticas públicas daí decorrentes têm por objetivo, conforme descrito nos documentos oficiais, incluir e produzir um cidadão consciente do seu papel social e atuante ao conhecer seus direitos e deveres (CARVALHO, 2003, p. 180).

A década de 1990 marca a última fase evidenciada pela literatura na qual o deslocamento teórico-discursivo é fortemente marcado pelo questionamento do papel do Estado, sujeito à influência da administração pública.

A partir dessa década, organizações voltadas à questão educacional deslumbraram acordos de cooperação com organismos internacionais, emergindo órgãos governamentais e não governamentais para a avaliação de políticas públicas. No entanto, os indicadores da educação básica do sistema público brasileiro revelavam índices negativos, com evasão, repetência e analfabetismo, além de que, na prática, essas reformas estariam mais voltadas parao mercado.

Se nos séculos XVIII e XIX ocorreram transformações progressivas nas esferas sociais, econômicas, políticas e culturais, tendo como resultado as revoluções industrial e burguesa, com o movimento cultural (século XX) definido como modernista, o mundo ocidental passa a defrontar-se com transformações que se fizeram sentir nas relações sociais, nos padrões de comportamento dos sujeitos, influenciando em sua forma de pensar e agir.

> Nas primeiras décadas do século XX, o processo de urbanização e de industrialização acentuará perspectivas nacionalistas, modernistas e desenvolvimentistas. Definitivamente encontra-se despertada junto a setores de classe burguesa vinculada à indústria e às camadas médias intelectualizadas a necessidade da compreensão dos conflitos sociais, das contradições entre modernização e arcaísmo, do aprimoramento das instituições públicas em face das novas necessidades. De outro lado, o próprio agravamento da crise social, econômica, política e ideológico-cultural do capitalismo e da sociedade burguesaimpõe desafios e respostas inusitadas para as contradições e conflitos sociais (BARBOSA, 2016, p. 7-8).

No Brasil, segundo Xavier (1990),

a modernização do ideário liberal nacional se deu,

nesse período, através da assimilação do pensamento escolanovista, que atendia perfeitamente aos objetivos conservadores das classes dominantes, às aspirações reformistas das classes médias e acenava com promessas de democracia e progresso para as classes inferiores (XAVIER, 1990, p. 28).

O País nunca teve a educação entre suas prioridades. Europa e EUA, no entanto, estavam generalizando o acesso ao ensino médio e, assim, a desigualdade declinou na segunda metade do século passado, enquanto que, no Brasil, ocorreu um considerável aumento. A restruturação do mercado de trabalho propiciou novas demandas por informações e consequentemente um novo perfil do trabalhador.

O projeto político dominante de inserção do país na ordem competitiva mundial, as transformações no mundo do trabalho e a emergência de novas formas de produção de conhecimento propiciam o surgimento de novas demandas e interesses de diversos setores por questões relativas a emprego, crise do sindicalismo, impactos sociais das novas tecnologias, mudança de paradigma produtivo.

Especificamente, há um crescimento da demanda por informações sobre as modificações nos processos de formação profissional, a reestruturação do mercado de trabalho e o novo perfil do trabalhador (SANTOS, 2004).

O ensino prático era destinado à classe de operários e tinha o intuito somente de atender suas faculdades e aptidões.

> O tipo de formação conforme a classe social a que o indivíduo pertencia. Embora a "modernização" no Brasil tenha acontecido de forma surpreendentemente rápida, pela importação de bens tecnológicos, ela não se fez acompanhar da construção de uma consciência em torno de um descobrimento autossustentado (BRASIL, 1998, p. 19).

Tendo em vista, então, a nova ordem mundial desenhada pelo capitalismo e a imprescindível replicação das estruturas de poder que essa ordem criou, vitais para sua sustentação, emerge o modelo de Escola Nova, calcado no ensino compartimentalizado e estruturado de forma a contemplar as classes sociais. Segundo suas necessidades básicas de reproduzir o sistema produtivo no qual estava inserido, alastra-se pelo mundo, atingindo em primeiro lugar os países centrais capitalistas e depois a sua periferia.

A raiz de muitos problemas atuais é que políticas educacionais submetem a educação ao poder autorregulador do Estado, sendo que os planos educacionais adotam a ideologia dos governos estabelecidos para equilibrar as tensões entre os movimentos organizados da sociedade, dos campos científicos e econômicos.

O contexto de crise do capitalismo monopolista em relação à reforma do Estado e suas influências no campo das políticas públicas educacionais e como se deu a reestruturação produtiva do capital é um grande exemplo da história da educação com o Estado. A partir do momento em que se estabelece a relação da educação com a política neoliberal, vê-se que esta atua a serviço dos interesses de um grupo em detrimento da coletividade, pois pretende assegurar a legitimidade da proposta neoliberal.

A sociedade é estruturada conforme o capital e a educação como uma mercadoria que deve atender às necessidades de acumulação de sua lógica, nas perspectivas neoliberais, que mantêm a ênfase economicista. Com as transformações que ocorreram no campo educacional provocadas pelo neoliberalismo e a reestruturação produtiva capitalista, cabe discutirmos as políticas escolares atreladas ao interesse do capital para entender o papel da educação dentro da lógica neoliberal.

Para o neoliberalismo, a "desigualdade é um fenômeno natural" (ANDERSON, 1995; FRIGOTTO, 1995) e as "formas de democratização desrespeitam a propriedade alheia ao interferir na forma como os bens econômicos devem ser administrados" (ANDERSON, 1995; PERONI, 2003).

A reforma do Estado que ocorreu a partir de um projeto neoliberal de mundo pautado em ideias mercadológicas demonstrou a importância da liberdade individual e, consequentemente, a necessidade de restrição das intervenções do Estado nas políticas públicas educacionais.

Em relação às reformas elaboradas no campo educacional, Gentili (1996) explica que "os governos neoliberais não só transformaram materialmente a realidade econômica, política, jurídica e social, como também conseguem que esta transformação seja aceita como uma saída possível (ainda que, às vezes, dolorosa) para a crise." (GENTILI, 1996, p. 11).

Os neoliberais acreditam no mercado como regulador do capital e do trabalho: "menos estado e mais mercado" (AZEVEDO, 2001, p. 11). As práticas neoliberais consistem em transferir a educação da esfera pública para a esfera do mercado, tornando o Estado um gestor que carrega em si a racionalidade das empresas capitalistas, provocando significativas mudanças na educação.

Oliveira (2017) fala sobre o discurso do mercado financeiro, em que pouquíssima gente ganha dinheiro em demasia, sem trabalhar, e age disseminando boatos e especulações como essas que propõem para os desavisados que a raiz de todo o mal é o Estado; que, por isso, deve ser extinto para que o mercado financeiro possa fazer o que bem entende, sem qualquer fiscalização. Mas como definir o Estado? O Estado é bom para todos?

3 O QUE É ESTADO?

Continuando a análise, questiona-se: o que é o Estado? O Estado é bom para todos?

> É uma das questões maiores que o Estado apresenta: será que ele cumpre funções para todos ou apenas para alguns? Corrigan e Sayer (2014) indagam se o Estado não cumpre tão bem as funções que cumpre para alguns porque as cumpre para todos? Não será por que ele cumpre para todos a função da manutenção da ordem que ele cumprirá funções para alguns que aproveitam particularmente da ordem? (CORRIGAN; SAYER, 2014, p. 56).

Ao se analisar a situação do ensino médio no Brasil no Anuário da Educação (2016, p. 30), pesquisas avaliaram a necessidade de uma ampla reformulação, que "tornam a Educação mais significativa para os adolescentes aproximando a escola da realidade cotidiana dos alunos, flexibilizando o currículo e diversificando os percursos escolares."

O Plano Nacional de Educação também prevê em suas estratégias que se institucionalize um "programa nacional de renovação do Ensino Médio, a fim de incentivar práticas pedagógicas com abordagens interdisciplinares estruturadas pela relação entre teoria e prática, por meio de currículos escolares que organizem, de maneira flexível e diversificada conteúdos obrigatórios e eletivos articulados em dimensões como ciência, trabalho, linguagens, tecnológica, cultura e esporte." (PNE, 3).

No plano internacional, o Brasil tem participado de eventos importantes, como a Conferência Mundial sobre Educação para Todos (1990), realizada em Jomtien, na Tailândia, convocada pela Unesco, Unicef, PNUD e Banco Mundial, em que se comprometeu a desenvolver propostas na direção de tornar universal a educação fundamental e também ampliar as oportunidades de aprendizagem para crianças, jovens e adultos.

Buarque (2014, p. 124) apresenta um diagnóstico feito pela Organização das Nações Unidas para a Educação, a Ciência e a Cultura (UNESCO) ao comparar o Brasil com outros países:

> ocupamos a 88ª posição, um dos últimos lugares entre os demais avaliados pelo Programa Internacional de Avaliação do Estudante (PISA); nossos professores da educação básica estão entre os que recebem piores salários, são menos respeitados socialmente e sobre os quais menos se exige, nossos prédios escolares e equipamentos pedagógicos estão entre os que apresentam pior qualidade; milhares de nossas escolas não passam de restaurantes mirins; o aluno frequenta apenas pela merenda, sem exigências, sem leituras, sem estudo, sem dever de casa e, inclusive sem aulas (BUARQUE, 2014, p. 124).

O Brasil também é signatário da Declaração de Nova Délhi sobre Educação para Todos, de 16 de dezembro de

1993, assinada por nove países — Indonésia, China, Bangladesh, Brasil, Egito, México, Nigéria, Paquistão e Índia — em desenvolvimento de maior contingente populacional do mundo. Essa Declaração "reconhece a educação como instrumento proeminente da promoção de valores humanos universais, da qualidade dos recursos humanose do respeito pela diversidade cultural."[2]

Entretanto, sendo o Brasil um país capitalista e sentindo-se pressionado pelas organizações internacionais das quais é membro e signatário de acordos referentes à educação inclusiva, articula uma proposta de "Educação para Todos". O documento foi elaborado pelo Banco Mundial e tinha como intenção induzir os países em desenvolvimento a investir na educação básica, garantindo o retorno individual e social dos investimentos. Este, como parceiro técnico e político, passou a interferir na definição da agenda educacional e colocou-se como mais atuante entre 1970 e 1990.

---

[2] "Nós, os líderes dos nove países em desenvolvimento de maior população do mundo, reiteramos por esta Declaração nosso compromisso de buscar com zelo e determinação as metas definidas pela Conferência Mundial Sobre Educação para Todos e pela Cúpula Mundial da Criança realizada em 1990, de atender às necessidades básicas de aprendizagem de todos os nossos povos tomando universal a educação básica e ampliando as oportunidades de aprendizagem para crianças, jovens e adultos. Assim fazemos com consciência plena que nossospaíses abrigam mais do que a metade da população mundial e que o sucesso de nossos esforços é crucial à obtenção de metal global de educação para todos" (Declaração de Nova Délhi, 1993).

Objetivando induzir os países em desenvolvimento a investirem seus parcos recursos públicos prioritariamente na educação primária e, posteriormente, na educação secundária, ao mesmo tempo em que recomendava a diminuição de investimentos públicos na educação superior e a diversificação de suas fontes de recursos (fim da gratuidade e imposição de taxas de matrículas e mensalidades), o Documento apresenta o que julga "Considerável evidência [...] acerca do retorno privado e social dos investimentos em educação tanto nos países desenvolvidos como nos em desenvolvimento" (SGUISSSARD, 2004, p. 32).

As políticas públicas que estão em consonância com a reforma educacional preconizada pelo Banco Mundial tentam implantar valores de mercado à educação, tratando-a como mercadoria, visando apenas ao lucro. Nesse sentido, Sacristan (1996) explica que:

Os valores de justiça, equidade, dignidade humana, solidariedade e distribuição de riqueza e do capital cultural vão sendo substituídos pela preocupação pela eficácia, pela competitividade, pela "excelência", pela busca de resultados tangíveis, pelo ajuste às necessidades do mercado de trabalho e da economia, pela luta para dispor de melhores condições de saída do sistema educacional diante de um mundo do trabalho escasso, pela formação em destrezas básicas, pela necessidade de incorporar as tecnologias da informação etc. (SACRISTAN, 1996, p. 61).

Nesse sentido, Bourdieu (2014), no curso de 18 de janeiro de 1990, no College de France, explica que o Estado é um "objeto impensável". "O Estado pode ser definido como um princípio da ortodoxia, isto é, um princípio oculto que só pode ser captado nas manifestações de ordem pública, entendida ao mesmo tempo como ordem física e como o inverso da desordem".

Ainda explica que, para a tradição marxista, "o Estadonão é um aparelho orientado para o bem comum, é um aparelho de coerção, de manutenção de ordem pública, mas em proveito dos dominantes" (BOURDIEU, 2014, p. 30), e que o marxismo"não levanta o problema da existência do Estado, e o resolve pela definição das funções que elepreenche."(BOURDIEU, 2014, p. 30).

O ultraliberalismo defende o fim do Estado e o fim do sistema de solidariedade e de proteção social. Assim, haverá um menor número de pessoas que possam viver explorando outras pessoas. Nesse sentido, Oliveira (2017) ressalta:

> Esses agentes do mercado financeiro, que praticaram fraudes contábeis e simularam a concessão de financiamentos, que impuseram a grave crise econômica que a humanidade tem experimentado neste século XXI, (que tem sido debelada mediante a transferência dos recursos dos cidadãos para os bancos e as empresas falidas) são os mesmos que defendem, com todo o descaramento, que deve ser demolido todo o sistema de solidariedade e de proteção social (que

provê previdência social, educação, saúde etc.), construído pelos liberais a partida das idades modernas e pós-moderna (OLIVEIRA, 2017).

Para PERONI (1999), o capitalismo vive uma crise estrutural. Ainda, esse se utiliza do neoliberalismo que resgata os princípios liberais, propondo um Estado forte que irá apoiar o desenvolvimento do capital. Por outro lado, o Estado dará o mínimo para a formulação das políticas sociais, configurando um processo na qual as conquistas históricas da classe trabalhadora são substituídas por políticas precárias, ocasionando sérios problemas sociais como o desemprego, precarização das condições de trabalho, entre outros., fruto do acelerado avanço tecnológico. Essa não intervenção ocorre para não assegurar direitos sociais à população, quando sabemos que o sistema de ensino no Brasil necessita de maior atenção e investimento do poder público.

4 O FENÔMENO DA GLOBALIZAÇÃO E O SISTEMA EDUCACIONAL

O retrato atual do nosso país reflete uma ideologia que nos oculta da verdade dos fatos, impedindo-nos de caracterizá-lo como um país que tem um sistema de economia capitalista, influenciado por uma perspectiva neoliberal, imerso no fenômeno da globalização do capital, afetando de maneira profunda todos os seus sistemas sociais, notadamente o sistema educacional e as influências do neoliberalismo e organizações internacionais na formulação depolíticas públicas educacionais.

Para Silva (2000), a noção de globalização traz implícita também uma "nova" visão de mundo, um novo universo simbólico que carrega mudanças significativas para a educação, sendo uma delas relacionada à visão do conhecimento. Para ela, "a tendência é que os alunos vejam o conhecimento como um produto de consumo, subentendendo a utilidade imediata daquilo que se conhece no ambiente do trabalho" (SILVA, 2000, p. 15).

Essa preocupação também está presente na educação oficial, nos Parâmetros Curriculares Nacionais (PCNs), queé o documento que orienta a organização dos currículos de todos os segmentos do ensino:

> Os PCNs nascem da necessidade de se construir uma referência curricular nacional para o ensino fundamental que possa ser discutida e traduzida em

propostas regionais nos diferentes estados e municípios brasileiros, em projetos educativos nas escolas e nas salas de aula, e que possam garantir a todo aluno de qualquer região do país, do interior ou do litoral, de uma grande cidade ou da zona rural, que frequentam cursos nos períodos diurno ou noturno, que sejam portadores de necessidades especiais, o direito de ter acesso aos conhecimentos indispensáveis para a construção de sua cidadania (SILVA, 2000, p. 15).

As reformas neoliberais são instrumentos articulados que têm por finalidade desconstruir o pensamento progressista. Elas nos desviam da forma de pensar, de pensar livre, impondo-nos sob a ótica das necessidades do capital, para manter sua tarefa de formar cidadãos para a submissão deste, e nos desvia das "finalidades da educação".

O que acontece é que nos anos de 1980 muitos países, principalmente os da América Latina, estavam em crise de endividamento. Nesse contexto, o Banco Mundial passou a gerenciar a dívida e, ao identificar na educação um fator de desenvolvimento humano, adotou medidas duras para a diminuição dos gastos públicos, direcionando a educação para o setor privado, e foram recomendadas medidas para a reforma do sistema educacional.

Na fase atual do liberalismo, verificamos um recrudescimento do papel do Estado no financiamento de políticas sociais e um maior apelo para a participação da sociedade civil, nos empreendimentos sociais. É a lógica do "Estado mínimo" vinculada à lógica do mercado." No âmbito da produção de ideias e conhecimentos vivemos o chamado "embate de paradigmas" representado pela concepção de mundo que deixa suas raízes no Iluminismo e é conhecido como moderno, e ainda o paradigma do conhecimento e de mundo que acompanha o desenvolvimento veloz da sociedade capitalista globalizada, com suas conquistas tecnológicas, seus avanços científicos e a ideia de "fim da história" (JACOMELI, 2006, p. 68).

Jacomeli (2004), em sua tese, critica e analisa as propostas legais que hoje justificam a reformulação da escola, principalmente quanto ao conteúdo que deve ser ministrado, via currículo oficial, destacando a formação do "cidadão" para atuar numa sociedade democrática e globalizada, inferindo que:

> as reformas educacionais que ocorreram por todo o mundo, inclusive no Brasil, anterior e posterior ao final da aprovação do documento em 1996, trazem os mesmos princípios educacionais. Isso referenda a afirmação de que há um projeto de sociedade sendo pensado e engendrado pelos ideólogos que defendem o capitalismo. [...] incutir valores, homogeneizar discursos e fazer com que os indivíduos aceitem como natural a reestruturação do capitalismo globalizado, com suas diferenças econômicas, sociais, culturais e outras (JACOMELI, 2008a).

O neoliberalismo, ao condenar o exercício das políticas públicas pelos governos, tem a educação como fator de redução da pobreza e das desigualdades sociais e atribui a esses a reponsabilidade apenas com o ensino básico e considera que a educação para ser bem sucedida, deve ter [...] por orientação principal os ditames e as leis que regem os mercados,, o privado (AZEVEDO, 1997, p. 14-17).

Nesse sentido, Bezerra Neto explica que:

Com a globalização do capitalismo nos moldes atuais, novos papéis foram atribuídos ao Estado e à sociedade civil. Para esse modelo, insiste-se na criação de um Estado mínimo para as questões sociais, com o Estado voltado apenas para o cumprimento das funções consideradas essenciais, transformando-se, por sua vez, no Estado máximo para o capital, à medida que privilegia este setor, protegendo-o contra qualquer ação organizada da classe trabalhadora, tanto através da desregulação do mundo do trabalho quanto pelas dificuldades criadas para atuação dos organismos de defesa da classe trabalhadora, no combate à expropriação promovida pelo capital. Essa influência vista nos planos econômico, político e social, reflete-se também na educação, pois com o processo de globalização as diretrizes das políticas educacionais passam a ser influenciadas pelos setores internacionais através de órgãos ligados aos interesses do capital (BEZERRA NETO, 2007, p. 233).

Vimos até agora como o conceito de qualidade da educação se configurou nos planos educacionais e que a política educacional se confrontou com as propostas existentes entre sociedade, professores e políticas públicas dos sucessivos governos. A qualidade da educação está na dinâmica socioeconômica e cultural, e interage com os projetos nacionais de desenvolvimento. No entanto, esses articulam-se com os movimentos da economia mundial, longe de preparar o indivíduo para o exercício da cidadania.

Para alguns pesquisadores, a função de equalizar a educação exige a responsabilidade do Estado em garantir a oferta, o acesso e a permanência de todos no sistema de ensino. Os mecanismos utilizados pelo poder hegemônico dentro da sociedade se expressam no controle do Estado. Isso acontece quando seus discursos e propostas são aceitos, fato notório nos modelos de políticas sociais elaboradas por órgãos pertencentes a países capitalistas, como o Brasil.

Oliveira (2007) nos explica que a ampliação dos acessos à escola fundamental que ocorreu nas últimas décadas constituiu per se um indicador de que a qualidade da educação está melhorando pelo fato de que beneficia a população excluída.

5 POLÍTICAS PÚBLICAS EDUCACIONAIS

O imenso crescimento da produção científica e acadêmica sobre a história das instituições escolares tem sido registrado por muitos estudiosos, com o propósito de levar reflexões para o campo da educação.

Paulilo (2010) afirma que "a historiografia da educação sequer tem apresentado estudos sob o rótulo das políticas públicas educacionais." (PAULILO, 2010, p. 482). Segundo Sanfelice (2004), "isso ocorre porque o tratamento histórico das políticas públicas não é outra coisa senão história política." (SANFELICE, 2004, p. 103).

Para Paulilo, "conforme atesta a renovação da historiografia política das últimas décadas, a história das políticas educacionais seja repleta de possibilidades de interlocução com outras ciências sociais." (PAULILO, 2010, p. 482). O que ocorre é que "a história das políticas educacionais vem sendo apropriada pela área de história da educação" (PAULILO, 2010, p. 481). É o que podemos chamar de contribuições proporcionadas pela sociologia política.

Alguns pesquisadores possuem o entendimento de que um programa de políticas públicas não é definido como educação. No entanto, esta pode fazer parte de uma política pública educacional. Compreender o conceito das categorias inclusão/ascensão social no processo de educação é chegar aos objetivos das políticas públicas educacionais implícitos nos documentos oficiais. De modo geral, o Brasil constitui seu sistema de educação compreendendo as estruturas sociais dos processos econômicos, da dinâmica das políticas e da ideologia.

Azevedo (2001) esclarece que, no caso da educação, também se exploram a implantação e a formulação de políticas educacionais. Estas encontram-se condicionadas a "vários fatores sociais, o poder do Estado, a máquina governamental e a ação da sociedade seja em qualquer nível de participação, por meio de grupos organizados. Esses fatores irão definir a ação e consolidação das políticas públicas educacionais" (AZEVEDO, 2001, p. 09).

Corroborando com o exposto acima, Julliard (1976) trouxe para a questão da história política a abordagem histórica da ação do Estado, explicando que, "desde que se retenha do poder uma noção mais ampla, na qual o Estado, essa instituição das instituições, seria apenas um caso particular, um caso limite mesmo" (JULLIARD, 1976, p. 190).

Segundo Monlevade (2002), o Brasil, na sua história educacional, desencadeou diversas ações que podem ser conceituadas como políticas educacionais:

> A política imperial de Dom Pedro I (Lei de Educação de 15/10/1827), a do Ato Adicional à Constituição do Império, em 1834, que descentralizou os encargos das escolas públicas primárias e secundárias para as Províncias; a políticas da escola pública universal e laica da República (1891); a da Constituição de 1988 e LDB de 1996,

complementada pelo FUNDEF (MONLEVADE, 2002, p. 42).

O Manifesto dos Pioneiros, em 1932, propôs políticas nacionais a partir de discussões com os entes federados e sugeriu a organização da educação no Brasil a partir da criação de um Sistema Nacional de Educação. O Brasil é um Estado Federativo, o que implica uma repartição de poder e de responsabilidades.

Nesse sentido, o cumprimento de metas do Plano Nacional de Educação (PNE), atualmente, exige pactos e alinhamentos com o objetivo de possibilitar a coexistência de projetos e programas em cada ente federado para uma finalidade, a colaboração. Tudo isso na medida de suas competências.

Segundo Sena, o Plano Nacional de Educação — aprovado somente em 2001 pelo Congresso Nacional — se deu

> em meio a processos paralelos oriundos dos poderes executivo e legislativo, como também dos setores reivindicativos, abrindo oportunidades para a construção de planos estaduais e municipais, de modo que as metas educacionais não ficassem sob as diretrizes orçamentárias e políticas dos Planos Plurianuais de Governo (PPA) (SENA, 2000, p. 64).

Umas das metas do Plano Nacional de Educação (PNE) era a qualidade da aprendizagem, e o FUNDEF (Fundo de Manutenção e Desenvolvimento do Ensino

Fundamental e de Valorização do Magistério), implementado em 1998, como umas das principais políticas para o fortalecimento da educação nacional, atual FUNDEB.

No entanto, em sua tese de doutorado, Yanaguita, (2013) explica que:

> A análise dos referidos fundos FUNDEF E FUNDEB (Fundo de Manutenção e Desenvolvimento da Educação Básica e de Valorização dos Profissionais da Educação) permitiu compreender que o financiamento da educação na legislação brasileira tem passado por alterações que, a despeito de suas propostas promissoras de melhoria da qualidade da educação no país, revelaram a falta de compromisso dos governos, principalmente federal, com a educação e a sua falta de interesse em ampliar os recursos para melhor atendê-la (YANAGUITA, 2013, p. 67).

Ainda nesse período, ocorreu a universalização da educação fundamental e a expansão da educação infantil e dos ensinos médio e superior. A ampliação do financiamento, pela constituição de fundos contábeis, como o Fundo de Manutenção e Desenvolvimento do Ensino Fundamental e de Valorização do Magistério, também foi destaque da época.

O documento-base da Conferência Nacional de Educação tem como desafios em relação às políticas públicas as seguintes questões:

> [...] c) garantir que os acordos e consumos produzidos no Conae redundem em diretrizes, estratégias, planos programas, projetos, ações e proposições pedagógicas e políticas, capazes de fazer avançar o panorama educacional no Brasil, d) propiciar condições para que as referidas políticas educacionais, concebidas e implementadas de forma articulada entre os sistemas de ensino, promovam o direito do/da aluno/a à formação integral com qualidade [..] e) indicar para o conjunto das políticas educacionais implementadas de forma articulada entre os sistemas de ensino, que seus fundamentos estão alicerçados na garantia da universalização e de qualidade social da educação básica e superior, bem como da democratização de sua gestão (BRASIL, 2011, p. 13-14).

No entanto, a restruturação do mercado de trabalho propiciou novas demandas por informações e, consequentemente, um novo perfil do trabalhador.

> O projeto político dominante de inserção do país na ordem competitiva mundial, as transformações no mundo do trabalho e a emergência de novas formas de produção de conhecimento propiciam o surgimento de novas demandas e interesses de diversos setores por questões relativas ao emprego, crise do sindicalismo, impactos sociais das novas tecnologias, mudança de paradigma produtivo. Especificamente, há um crescimento da demanda por informações sobre as modificações nos

processos de formação profissional, a reestruturação do mercado de trabalho e o novo perfil do trabalhador (SANTOS, 2004, p. 159).

A construção da cidadania do educando e as questões escolares fazem parte da configuração de modelos explicativos capazes de fundamentar análises sociais acerca das políticas educacionais que podem ser entendidas como relações de poder que se estabelecem entre o Estado, sociedade e indivíduo

Para Giron (2008, p. 2), "[...] a política educacional defendida por um determinado governo reflete como ele [Estado] entende o mundo e as relações que se estabelecem na sociedade".

Veras (2016), em sua dissertação sobre políticas públicas, concluiu que,

> Em relação ao planejamento em cada um desses momentos, observamos que corresponde à dinâmica social: em tempos de autoritarismo, a estrutura de planejamento é fechada e a intervenção estatal se dá a partir da vontade dos dirigentes, ou seja, de cima para baixo, sem participação social, sendo o planejamento prescritivo e normativo (VERAS, 2016, p. 173).

No entender de Carvalho (2003),

> ao se considerar que o sistema de políticas públicas é um processo de fluxo, por associação, uma dada

política pública não poderia estruturar-se como sequência linear de fases explicando que as políticas públicas definem um processo contínuo de decisões que, de um lado pode contribuir para ajustar e melhor adequar as ações ao seu objeto, de outro, pode alterar substancialmente uma política pública.(CARVALHO, 2003, p. 180).

Em 2016, ao longo da crise econômica, financeira e institucional que se abateu sobre o país, as coisas pioraram muito e de forma acelerada. A taxa de desemprego e a distribuição de renda afetaram indistintamente todas as classes sócias, mas se abateu com maior intensidade sobre as classes de padrão de consumo inferior e com níveis de escolaridade menores.

Por isso, entender as disparidades existentes nos níveis de ensino da população e que podem explicar as desigualdades sociais no país nos leva a questionar se a educação seria um instrumento para a inclusão social e por si assegura o acesso ao emprego e, consequentemente, à inclusão no sistema social.

As questões que envolvem estudos sobre Estado e Políticas Públicas Educacionais, no contexto da reestruturação produtiva do capital, incluem outros desafios com o intuito de destacar argumentos em torno do caráter que assume o projeto neoliberal. Dessa forma, consideramos pertinente compreender os processos de desenvolvimento pessoal e profissional da criança e considerá-la detectora de uma realidade exclusiva, na qual o próprio sujeito histórico é capaz de reproduzi-la. A discussão se dá no sentido de problematizar como as práticas neoliberais têm influenciado a importância da liberdade individual e a necessidade de restrição das intervenções do Estado nas políticas públicas educacionais.

No entanto, esse modelo deveria ser capaz de valorizar paradigmas de formação de políticas públicas que fossem includentes para tornar o educando protagonista de sua própria história. A questão é difícil se todos não se descortinarem do *"habitus"* que forma uma *"estrutura estruturante"*, categorias que serão aprofundadas adiante.

Pierre Bourdieu (1982, p. 190), abordando a questão da educação nas sociedades modernas, destaca o papel da escola relacionado à herança cultural, como reprodução e legitimação das desigualdades sociais no contexto do capitalismo, isso porque

> a medida tecnocrática do rendimento escolar supõe o modelo empobrecido de um sistema que, sem conhecer outros fins exceto aqueles que retivesse do sistema econômico, correspondência ao máximo, em quantidade em qualidade, e ao menor custo, à demanda técnica da educação, isto é, às necessidades do mercado de trabalho (BOURDIEU, 1982, p. 192).

Na sociedade contemporânea, a importância dada às crianças está atrelada ao desrespeito. Há crianças solitárias e assediadas, trabalho infantil e tantos outros desafios a serem vencidos, como e principalmente a qualidade da educação ministrada nas escolas públicas.

As políticas públicas educacionais, que têm por objetivo promover a inclusão, a ascensão e a formação da criança como cidadão titular de direitos e deveres dentro da comunidade em que habita, conflitam com a prática cotidiana de violência, falta de instrumentos educacionais adequados, professores mal preparados e mal remunerados.

Gunilla Dahiberg, Peter Moss e Alan Pence (2007) dizem, nesse sentido, que "as instituições para a primeira infância e as práticas pedagógicas são constituídas por discursos dominantes em nossa sociedade e personificam pensamentos, conceitos e éticas que prevalecem em um determinado momento e em uma determinada sociedade" (DAHIBERG; MOSS; PENCE, 2007, p. 237). Como, então, esses discursos impactam as crianças brasileiras?

As políticas públicas no Brasil se configuram, historicamente pelo autoritarismo e conservadorismo. Não se consulta a sociedade civil sobre a possibilidade de articular os programas à realidade social para a promoção da justiça social, mediante mecanismos que garantam um ensino para a cidadania. A essência da estrutura do ensino público não é alterada, e a escola é apenas um suposto espaço de atuação social, quando na verdade o que se tem é uma intervenção do capitalismo.

Rummert (2007) faz uma crítica à falta de suportes compatíveis com a implementação e desenvolvimento das políticas públicas, que possui forte capacidade de intervenção do capital nas propostas de educação da classe trabalhadora.

Na crise estrutural de desemprego, o Governo criou e modificou programas sociais destinados a jovens de 15 a 17 anos em condições de risco e vulnerabilidade social. Em 2003, foi criado o Programa Nacional de Estímulo ao Primeiro Emprego, que teve início nas cidades que apresentavam taxa de desemprego bastante significativa entre os jovens.

O interesse do governo em relação à criação de políticas públicas no enfrentamento da situação do desemprego juvenil foi percebido durante aquele período. No entanto,

> Frente a essas iniciativas do governo, faz-se necessário refletirmos sobre seus limites, dilemas e possibilidades em um contexto de desestruturação do mercado de trabalho, marcado pelo crescimento do desemprego estrutural, pela fragmentação e complexificação da classe trabalhadora, pela anulação de direitos sociais, a precarização das relações e condições de trabalho, o aprofundamento da desigualdade social, o aumento da insegurança e da instabilidade. Desse modo, nossa inquietação recai sobre a seguinte questão: como estas políticas sociais têm dialogado com as expectativas de uma juventude que vivencia as incertezas e dificuldades do mundo contemporâneo e, em especial, do mercado de trabalho? (SANTOS, 2007, p. 87-88).

No Brasil, as políticas públicas direcionadas aos jovens foram implementadas após a luta dos direitos de crianças e adolescentes, pois, em 1988, a tematização da juventude foi incluída nas discussões da Assembleia Nacional Constituinte por meio da Emenda Popular Criança Prioridade Nacional.

À luz da teoria crítica bourdiesiana, pode-se explicar que o conhecimento se dá do lado externo para o interno, como se a criança fosse um produto das intenções racionais dos sujeitos em ação. Cada criança, desde o seu nascimento, está em contato com as representações estruturadas. Essas estruturas irão influenciar na construção de sua própria subjetividade. Para isso, o conhecimento é socialmente constituído a partir das relações sociais e pode-se dizer que existe uma "dialogicidade" entre as representações e as posições daquela criança. Isso acontece na esfera da cultura, em suas aspirações e percepções, já que estão postas pelo social.

Se a educação é uma ferramenta para a mobilidade social de jovens que são caracterizados como "vulneráveis" e lhes proporcionou migrarem para um status social mais elevado, consequentemente se compreende que as políticas educacionais são includentes. Caso contrário, se o compromisso que nossa sociedade, no aspecto da educação como fator conscientizante, não tem assumido com as crianças, especialmente aquelas nas condições de fragilidade social, uma formação profissional na educação para a inclusão/ascensão social, as políticas educacionais ainda não podem ser consideradas como tal.

A falta de incentivos robustos por parte do governo em relação à educação infantil, básica e superior é um ponto que deve ser refletido. Quanta violência em sala de aula e greve dos professores, fruto de um governo que não se preocupa com os problemas persistentes apresentados pela educação brasileira: "do total de nossas crianças, nem 40% terminam a educação básica, dos que conseguem chegar ao ensino superior, apenas 38% dominam a capacidade de ler e escrever, e ainda, menor é a porcentagem dos que dominam habilidades matemáticas" (BUARQUE, 2014, p. 24).

Para que esses percentuais melhorem, é preciso pensar o conjunto escola inclusiva, educação inclusiva e política pública educacional inclusiva a partir de profissionais capacitados: professores valorizados que estejam dispostos a refletir e a investir em sua formação e no trabalho coletivo para atingir uma verdadeira inclusão/ascensão de alunos caracterizados como vulneráveis, pois nas economias capitalistas os direitos sociais se transformam em mercadorias, e cidadão "é aquele que dispõe de uma boa condição financeira", conforme nos ensina Giron (2008, p. 3).

Neste contexto, entender educação como inclusão/ascensão social é entender as políticas públicas como inclusão/ascensão e os objetivos a serem alcançados por meio da ação educacional. É preciso que, desde a infância, a criança se conscientize de que a escola é mais do que direito. A escola representa uma condição, pois é por meio da "escola" que o sujeito poderá olhar o mundo de forma mais crítica.

A educação é entendida como um instrumento de formação ampla, de luta pelos direitos de cidadania e de emancipação social. E qual é o valor da educação para as crianças, para os jovens? Se as crianças não conseguem ver a educação, a escola, como uma forma de se libertar, como a educação irá preparar as pessoas e a sociedade para a responsabilidade de construir, coletivamente, um projeto de inclusão e de qualidade social para o País? Se a educação tem como característica a qualidade social, ela busca a inclusão social — e incluir significa possibilitar o acesso e a permanência de todos, com sucesso, nas escolas, incorporando a sociedade na definição das prioridades das políticas sociais.

Nesse sentido, precisaria que o currículo mudasse o modelo de escola formal que, conforme demonstram os índices de defasagem e de repetência, essa não é a configuração mais adequada para atrair crianças e jovens.

> À medida que todos forem envolvidos na reflexão sobre a escola, sobre a comunidade da qual se originam seus alunos, sobre as necessidades dessa comunidade, sobre os objetivos a serem alcançados por meio da ação educacional, a escola passa a ser sentida como ela é de todos para todos (MEC/SEE, 2004, p. 10).

As categorias inclusão/ascensão social estão associadas a muitos termos, já que constam em projetos de políticas públicas, sociais, educacionais — com suas carências e suas necessidades, traduzidas em uma linguagem de interesses dos direitos.

A qualidade da educação pública é uma das principais características de uma sociedade que se pretende livre e consciente, tendo como pontos de referência os valores de justiça e de solidariedade se sobrepondo em um país democrático.

Essa educação de qualidade é que irá proporcionar a mobilização social e ela necessita de políticas públicas educacionais includentes, e não somente de escolas includentes com quantidade de alunos consideráveis.

No entanto, todo esse conjunto deveria desejar uma verdadeira mudança, cuja finalidade é "amenizar" as desigualdades e as exclusões, de modo que se possam enfrentar os desafios que irão se acumulando no campo educacional brasileiro.

Retornando a Bourdieu, a educação é como um acúmulo dos bens simbólicos, e este está concentrado na estrutura dos pensamentos dos indivíduos que passam a manifestá-la em suas práticas sociais. Exemplo disso é o que ocorre com as políticas educacionais de inclusão. Isso acontece quando se passa a compreender a criança como um ser que é sujeito de direito, não se pode esquecer que ela tem direito a voz, espaço, cultura e potencial humano com diversas formas de expressão.

Hoje, diferentemente do passado, quando se preparava a criança para que no futuro pudesse vir a ser cidadã, ela tem desde o ventre da mãe a perspectiva de uma cidadania de fato. Podemos falar em uma vida que se constitui com o tempo próprio, que não é só do futuro, do presente, mas do aqui e agora.

O Estado como organizador da vida em sociedade tem a função de dar garantia como também organizar e tornar reais certos direitos dos indivíduos, desde o seu nascimento, para que possam desenvolver livremente sua natureza.

> A escola é o lugar onde nascem as políticas públicas educacionais, o desafio é saber interpretá-las e colocá-las a serviço da sociedade. O papel da escola num processo articulatório pode estar associado à ideia de autonomia de escola, a de projeto pedagógico e de trabalho coletivo (SILVA JÚNIOR, 2002, p. 205).

Na escola e em suas políticas públicas, a intenção de incluir deve estar posta em primeiro lugar, visando garantir que o aluno aprenda e participe efetivamente delas. O Plano Nacional de Educação (BRASIL, 2001) "priorizou a questão da formação socialmente significativa para o exercício da cidadania", preparando o aluno para exercê-la por meio de políticas públicas. A dialética inclusão-exclusão é um processo relativo às condições sócio-político-históricas de um dado contexto.

> Ao lado de um progresso material "milagroso", a injusta distribuição de renda aprofundou a estratificação social, fazendo com que parte considerável da população não tenha condições de fazer valer seus direitos e seus interesses fundamentais, tornando mais agudo o descompasso entre progresso econômico e desenvolvimento

social". (BRASIL, 1998).

A Constituição Federal de 1988 promoveu muitas conquistas sociais que fizeram com que a educação passasse a ser tratada como direito, começando a demarcar profundas mudanças no sistema escolar de ensino. Posteriormente, com a Lei de Diretrizes de Bases da Educação (LDB), essas conquistas avançaram para o campo específico da educação. As políticas públicas daí decorrentes têm por objetivo, conforme descrito nos documentos oficiais, incluir e produzir um cidadão consciente do seu papel social e atuante ao conhecer seus direitos e deveres.

Outros avanços são igualmente importantes, embora não específicos sobre a educação, pode-se citar o Estatuto da Criança e do Adolescente (ECA, 2006), que representou um marco na luta pelos direitos das crianças e dos jovens, garantindo a eles o direito a educação de forma expressa.

O primeiro Censo da Educação Infantil (2000) também foi de crucial importância para o desenho de políticas que atendessem às demandas apresentadas. O Estatuto representa um conjunto de normas do ordenamento jurídico brasileiro que tem como objetivo a proteção integral da criança e do adolescente.

No que tange à compreensão das políticas públicas desenvolvidas pelo Estado brasileiro, as propostas educacionais concebidas e implementadas pelo governo à época, que, galvanizando uma massa de conteúdo, opiniões e teorias, até então alijadas do poder pela ditadura, e propagadas no período de redemocratização pelos governos culminaram com um embate de ideias e visões que, por meio do debate acadêmico e político, conformou o que hoje conhecemos como o sistema educacional brasileiro, que define quais são os conteúdos programáticos a serem articulados para que haja realmente uma inserção social e consequentemente a redução das desigualdades educacionais.

Essas políticas educacionais, apesar de terem como fatores de inclusão e ascensão social demonstram sua falta de eficácia quando, em 2016, com a reforma de ensino e corte de gastos da PEC 241, e ao longo da crise econômica, financeira e institucional que se abateu sobre o País, a situação piorou muito e de forma acelerada.

A taxa de desemprego e a distribuição de renda afetaram todas as classes sociais, mas se abateu com maior intensidade nas classes de padrão de consumo inferior e com níveis de escolaridade menores. Nesse sentido, faz-se necessário entender as disparidades existentes nos níveis de ensino da população, e que podem explicar as desigualdades sociais no Brasil.

A Pesquisa Nacional por Amostras de Domicílio (PNAD) Contínua, feita pelo Instituto Brasileiro de Geografia e Estatística (IBGE), demonstra que o nível de emprego com carteira assinada segue encolhendo e uma parcela cada vez menor da população tem acesso aos impactos positivos das políticas de reajuste do salário mínimo.

A Pesquisa acompanhou mensalmente o mercado

de trabalho e mostrou que essa deterioração contínua aumentou em 2016, sendo que o número de pessoas desocupadas passou de 7,3 milhões para 10 milhões entre 2014 e 2015 e em 2016 atingiu a marca de 12 milhões de pessoas no País.

Para Janete Azevedo (2001), a educação é considerada como a "mais estratégica das políticas sociais" (AZEVEDO, 2001). A qualidade social da educação busca "a inclusão social, que significa 'possibilitar' o acesso e a permanência de todos, com sucesso, nas escolas, incorporando a sociedade na definição das prioridades das políticas sociais, em especial, a educação".

Nesse sentido, o artigo 227 da Constituição Federal de 1988 preconiza que é "dever da família, da sociedade e do Estado assegurar à criança e ao adolescente, com absoluta prioridade, o direito à vida, à alimentação, à educação, ao lazer" (BRASIL, 1988). A partir da constitucionalização da educação, os cidadãos passaram a ser tratados como agentes políticos, e por meio da educação, serão capazes de exigir direitos e cumprir deveres.

Com base nessas premissas, é possível afirmar que a educação não se deve restringir ao tradicionalismo e ao conservadorismo nem a um ensino simplesmente dogmático, marcado pelo ensino codificado.

Essas instituições funcionam hoje como centros reprodutores da ideologia do poder estabelecido pelo Governo, servindo assim para a manutenção do *status quo*, da sociedade, ou seja, de modo que não atendem aos reais anseios sociais e a um verdadeiro Estado Democrático de Direito, direitos humanos e soberania popular, resolve-se na dimensão do tempo histórico, de geração em geração, como um processo que em última análise pode ser compreendido como um processo de aprendizado que corrige a si mesmo.

No verdadeiro Estado Democrático de Direito, os direitos fundamentais devem estar garantidos e o poder deverá ser exercido de forma democrática, o que para o filósofo Habermas só poderá ser efetivamente conquistado se houver um espaço público para discussão, onde estará assegurado o direito de participação na hermenêutica constitucional.

Enquanto que, para Freire a concepção está fundada no caráter inconcluso do ser humano. O homem não nasce homem, ele se forma homem pela educação. Por isso educação é formação. Cita-se:

> "O que quero dizer é que a educação, como formação, como processo de conhecimento, de ensino, de aprendizagem, se tornou, ao longo da aventura no mundo dos seres humanos uma conotação de sua natureza, gestando-se na história, como a vocação para a humanização(...) Não é possível ser gente senão por meio de práticas educativas. Esse processo de formação perdura ao longo da vida toda, o homem não para de educar-se, sua formação é permanente e se funda na dialética entre teoria e prática. A educação tem sentido porque o mundo não é necessariamente isto ou aquilo, e os seres

humanos são tão projetos quanto podem ter projetos para o mundo."

Para se solucionar esse entrave, deve-se conscientizar a população que não se ingressa nas escolas apenas para se obter diplomas, mas sim para fazer a diferença no mundo, para servir a sociedade e trabalhar em prol do interesse coletivo.

Em grande parte, atribui-se também a culpa ao Governo que, muitas vezes, não se interessa em formar críticos de opiniões, de leis e normas, mas apenas aplicadores da lei seca ao caso concreto, sem levar em conta os anseios sociais, assim é uma tentativa de se evitar revoluções, revoltas e mudanças na administração.

Dessa forma, o que se pode inferir que não se trata de um problema isolado a ser solucionado, mas de uma ação conjunta da sociedade, Poder Executivo, Poder Judiciário e Poder Legislativo, somente assim os direitos fundamentais existentes em um Estado Democrático de Direito serão assegurados à sociedade brasileira.

REFERÊNCIAS

ANDERSON, Perry. Balanço do neoliberalismo. In: BORON, A. A. et al. **Pós neoliberalismo**: as políticas sociais e o estado democrático. São Paulo: Paz e Terra, 1995.

AZEVEDO, F. et al. O Manifesto dos Pioneiros da Educação Nova (1932). **Revista HISTEDBR On-line**, Campinas, n. esp., p. 108-204, 2006.

AZEVEDO, J. L. **A educação como política pública**. 3. ed. Campinas: Autores Associados, 2001. (Polêmicas do nosso tempo, 56).-Prefácio à Segunda Edição IX.

AZEVEDO, J. M. L. Plano Nacional de Educação e planejamento: a questão da qualidade da educação básica. **Retratos da Escola**, Brasília, v. 8, p. 265-280, 2014.

BEZERRA NETO, Luiz; BEZERRA, Maria Cristina dos Santos. Aspectos da educação rural no Brasil, frente aos desafios educacionais propostos pelo MST. **Revista HISTEDBR On- line**, Campinas, n. 26, p. 130-143, jun. 2007. Disponível em: < http://www.histedbr.fe.unicamp.br/revista/edicoes/26/art 08_26.pdf >. Acesso em: 09 set. 2018.

BOBBIO, Norberto. Política. In: BOBBIO, Norberto; MATTEUCCI, Nicola; PASQUINO, Gianfranco. **Dicionário de política**. 3. ed. Brasília: Editora da UNB, 2000. p. 954-

955.

BOURDIEU, Pierre. **A distinção**: crítica social do julgamento. São Paulo: Edusp/Porto Alegre: Zouk, 2007.

BOURDIEU, Pierre. A escola conservadora: as desigualdades frente à escola e à cultura. In: NOGUEIRA, M. A.; CATANI. Afrânio (Org.). **Escritos de educação**. Petrópolis: Vozes, 1998. p. 39-64.

BOURDIEU, P. **Sobre o Estado**: cursos no College de France (1989-1992). Edição estabelecida por Patrick Champagne et al. Tradução: Rosa Freire de Aguiar. São Paulo: Companhia das Letras, 2014.

BRASIL. Câmara Legislativa. Plano Nacional de Educação; projeto de lei. Brasília, DF: CL, 1937.

BRASIL. Constituição (1988). **Constituição da República Federativa do Brasi**l. Brasília: Senado Federal: Centro Gráfico, 1988. 292 p. Disponível em: <http://www.planalto.gov.br/ccivil_03/Constituicao/Constituiça o.htm>. Acesso em: 02 abr. 2017.

BRASIL, Lei n. 10.172, de 9 de janeiro de 2001. Aprova o Plano Nacional de Educação e dá outras providências. **Diário Oficial da União**, Brasília, 10 maio 2007.

BRZEZINSKI, Iria. A formação e a carreira de profissionais da educação na LDB 9394/96: possibilidade e perplexidades. In: BRZEZINSKI, Iria (Org.). **LDB**

interpretada: diversos olhares que se entrecruzem. São Paulo: Cortez, 2000.

BUARQUE, C. Proposta para a construção de um Sistema Nacional de Conhecimento e Inovação. In: CUNHA, C. et al (Org.). **O Sistema Nacional de Educação**: diversos olhares 80 anos após o Manifesto. Brasília: MEC/SASE, 2014. p. 122-151.

DECLARAÇÃO DE SALAMANCA. Declaração de Salamanca e enquadramento da criação na área das necessidades educativas especiais. In: **Conferência Mundial sobre necessidades educativas especiais**: acesso e qualidade, junho de 1994. Organização das Nações Unidas para a Educação, a crença e a Cultura e Ministério da Educação e Ciência da Espanha: UNESCO, 1994.

DECLARAÇÃO DE NOVA DÉLHI SOBRE EDUCAÇÃO PARA TODOS. In: **Biblioteca Virtual de Direitos Humanos**. USP, 1993. Disponível em: <http://www.direitoshumanos.usp.br/index.php/Direito-a-Educa%C3%A7%C3%A3o/declarac%C3%A3o-de-nova-delhi-sobre- educa%C3%A7%C3%A3o-para-todos.html>. Acesso em: 01 set. 2016.

DEWEY, John. **Democracia e educação**: breve tratado de filosofia da educação. São Paulo: Companhia Editora Nacional, 1936. (Atualidades pedagógicas, 21).

FREIRE, Paulo. **Pedagogia da Autonomia – saberes necessários à prática educativa**. São Paulo: Paz e

Terra, 1996.

FRIGOTTO, G. **A produtividade da escola improdutiva**: um (re)exame das relações entre educação e estrutura econômica social e capitalista. São Paulo: Cortez, 1989.

GENTILI, Pablo. Neoliberalismo e educação: manual do usuário. In: SILVA, Tomaz Tadeu da; GENTILI, Pablo.(Orgs.). **Escola S.A.**: quem ganha e quem perde no mercado educacional do neoliberalismo? Brasília: CNTE, 1996. p. 9-49.

HABERMAS, Jürgen. **Textos e contextos**. Lisboa: Instituto Piaget, 2001.

HEIDEMANN, Francisco G. Do Sonho do progresso às políticas de desenvolvimento. In: HEIDEMANN, Francisco G.; SALM, José F. (Orgs.). **Políticas públicas e desenvolvimento**: bases epistemológicas e modelos de análise. 2. ed. Brasília: Editora da UnB, 2010. p. 23-40.

HÖFLING, Eloisa de Mattos. Estado e políticas (públicas) sociais. **Cad. CEDES** [online]. 2001, vol. 21, n. 55, p. 30-41. Disponível em: <http://dx.doi.org/10.1590/S0101-32622001000300003>. Acesso em: 01 jul. 2017.

IBGE. Porcentagem de jovens de 15 a 17 anos na escola - taxa de atendimento. **Observatório do PNE**, 2016. Disponível em: <http://www.observatoriodopne.org.br/metas-pne/3-

ensino- medio/indicadores>. Acesso em: 17 abr. 2017.

LIMA, W. G. Política pública: discussão e conceitos. **Interface**, Botucatu, n. 5, p. 49-54,2012.

MARX Karl. Glosas marginais ao Programa do Partido Operário Alemão. **Arquivo Marxista na Internet** (MIA). Maio, 1875. Disponível em: <https://www.marxists.org/portugues/marx/1875/gotha/gotha.htm#tn1>. Acesso em: 01 ago.2017.

MARX, Karl. **O capital**: crítica da economia política. São Paulo: Abril, 1983. v.3..

OLIVEIRA, Jorge Rubem Folena de. **Ultraliberalismo**. 15 dez. 2017. Disponível em: <http://jorgefolena.blogspot.com/2017/09/ultraliberalismo.html>. Acesso em: 01 jan. 2018.

OLIVEIRA, Nielmar. Desemprego atinge 12 milhões de pessoas e tem maior taxa desde 2012. **EBC - Agência Brasil**. Rio de Janeiro, 2016. Disponível em: <http://agenciabrasil.ebc.com.br/economia/noticia/2016-12/desemprego-atinge-12-milhoes- de-pessoas-e-tem-maior-taxa-desde-2012>. Acesso em: 17 abr. 2017.

OLIVEIRA, R. P. Da universalização do ensino fundamental ao desafio da qualidade: uma análise histórica. **Educação & Sociedade**, Campinas, v. 28, n. 100, p. 661-690, out. 2007.

PERONI, V. M. V. **A redefinição do papel do Estado e a política educacional no Brasil nos anos 90**. São Paulo, 1999. Tese (Doutorado) — Programa de Pós-graduação em História e Filosofia da Educação, Pontifícia Universidade Católica de São Paulo, São Paulo.

PIRES, M. F. C. O materialismo histórico-dialético e a educação. **Interface** - Comunicação, Saúde, Educação, Botucatu, v. 1, n. 1, ago. 1997. Disponível em: <http://www.scielo.br/scielo.php?script=sci_arttext&pid=S1414-32831997000200006>.Acesso em: 01 dez. 2017.

RODRIGUES, Marta M. Assumpção. **Políticas públicas**. São Paulo: PubliFolha, 2011.(Folha explica).

RUA, Maria das Graças. As políticas públicas e a juventude dos anos 90. In: RUA, Maria das Graças. **Jovens acontecendo na trilha das políticas públicas**. Brasília: CNPD, 1998. p. 731-752. v. 2.

SANTOS, Kátia Silva. Políticas públicas educacionais no Brasil: tecendo fios. SIMPÓSIO BRASILEIRO DE POLÍTICA E ADMINISTRAÇÃO DA EDUCAÇÃO, 25., 2011. **Políticas públicas e gestão da educação**: construção histórica, debates contemporâneos e novas perspectivas. São Paulo, 2011. Disponível em: <http://www.anpae.org.br/simposio2011/cdrom2011/PDFs/trabalhosCompletos/comunicacoe sRelatos/0271.pdf>. Acesso em: 01 jul. 2017.

SECCHI, L. **Políticas públicas**: conceitos, esquemas de

análises, casos práticos. São Paulo:Cengaje, 2010.

SILVA, J. S. A mudança de época e o contexto global cambiante: implicações para a mudança institucional em organizações de desenvolvimento. In: LIMA, S. M. V. (Org.).**Mudança organizacional**: teoria e gestão. Rio de Janeiro: FGV, 2003. p. 65-110.

THEODOULOU, Stella Z. How public policy is made. In: THEODOULOU, Stella Z.;

.

XAVIER, M. E. S. P. **Capitalismo e escola no Brasil**: a constituição do liberalismo em ideologia educacional e a reformas do ensino (1931-1961). Campinas: Papirus, 1990.

YANAGUITA, Adriana Inácio. **Financiamento da Educação no Brasil (1990-2010)**: impactos no Padrão de Gestão do Ensino Fundamental. 2013. Tese — Programa de Pós-graduação em Educação, Faculdade de Filosofia e Ciências, Universidade Estadual Paulista -de Marília. Disponível em: <https://www.marilia.unesp.br/Home/Pos-Graduacao/Educacao Marília 2013>. Acesso em: 01 jul. 2018.